AF380995

Tirer profit de l'intelligence collective

Pratiques de management et dynamiques d'équipe

Par Véronique Bronckart

50MINUTES.fr

TIRER PROFIT DE L'INTELLIGENCE COLLECTIVE

- **Problématique ?** Qu'est-ce que l'intelligence collective et comment en tirer profit en entreprise ?
- **Utilité ?** L'intelligence collective permet d'accroître l'efficacité d'une équipe, en tirant parti des compétences de chacun de ses membres.
- **Contexte professionnel ?** Management d'équipe, management d'entreprise.
- **FAQ ?**
  - Pourquoi faire appel à l'intelligence collective ?
  - Quel est l'objectif du management de l'intelligence collective ?
  - Quels sont les principes du management de l'intelligence collective ?
  - Quels sont les freins du management de l'intelligence collective ?

- Quelles sont les perspectives de l'intelligence collective ?
- Y a-t-il un lien entre l'intelligence collective et la gestion des talents ?
- Y a-t-il une différence entre le lean management et l'intelligence collective ?
- Y a-t-il une différence entre l'intelligence collective et le management participatif ?

De tous les styles de management d'équipe, la plus innovante est incontestablement celle de l'intelligence collective. Pas encore très répandu dans le vocabulaire des leaders d'entreprises, ce nouveau mode de management connaît à l'heure actuelle quelques réticences. En effet, l'intelligence collective implique des changements de comportements importants ayant un impact sur la culture, les croyances, les compétences, les modes de communication, l'organisation et le fonctionnement de l'entreprise.

Or il n'est pas toujours aisé de faire face au changement et à ses incertitudes. Dans un monde économique habitué au taylorisme, cette nouvelle façon de manager, en acceptant les nouveautés et les diversités que chaque membre d'une équipe peut apporter, est difficilement adoptée car elle ouvre de nouvelles portes sur des connaissances et des modes de fonctionnement inexploités par l'entreprise jusqu'à présent. L'inconnu est toujours source de crainte, le taylorisme permet de l'éviter en s'assurant d'avoir au maximum le contrôle sur les actions et événements à venir.

Les principes de l'intelligence collective vont à l'encontre du taylorisme. En effet, l'idée est d'accueillir les nouveautés et l'inconnu, en acceptant le risque de perte de contrôle, mais en gagnant en flexibilité, en réactivité et en innovation. En interconnectant les différences et intelligences de chacun, cette méthode permet de faire face aux imprévus par le biais de réflexions et d'actions collectives. Les difficultés sont résolues ensemble, dans la poursuite de l'objectif commun.

En 50 minutes, découvrez les enjeux de l'intelligence collective et les raisons pour lesquelles cette méthode de management devient un outil incontournable pour favoriser l'efficacité d'une équipe.

B.A.-BA DE L'INTELLIGENCE COLLECTIVE

L'INTELLIGENCE COLLECTIVE EN ENTREPRISE

L'intelligence collective en entreprise consiste en un ensemble de pratiques et de comportements managériaux basés sur les interactions entre les compétences multiples des membres de l'entreprise. Il ne s'agit pas simplement de prendre conscience de l'existence des diverses compétences des membres d'une équipe, mais également de les comprendre et d'apprendre à les exploiter de façon optimale, notamment par la mise en place d'une stratégie de création intégrant une dynamique de groupe et la diversité qui le compose. Il ne s'agira pas simplement de communiquer ou de rassembler une équipe pour mettre en place un processus intégrant l'intelligence collective, mais d'appréhender l'émergence de nouvelles ressources intellectuelles, de les gérer, de mettre en exergue l'expérience et les acquis de chacun.

Il est important de différencier communication collective et réflexion collective. La communication collective permet simplement l'échange d'informations sans pour autant solliciter la coopération intellectuelle de chaque individu d'une équipe. La réflexion collective, quant à elle, implique une coopération intellectuelle permettant de créer une information, de lui donner du sens et d'interagir sur cette information. Cette distinction est cruciale car, trop souvent, on pense coopérer là où il ne s'agit que de communication. La coopération permet de créer des synergies et de construire une décision sur base des interactions de l'intelligence collective.

En résumé, on peut dire que l'intelligence collective est la résultante d'une interaction entre les connaissances, les compétences et les spécificités de chaque individu composant un groupe.

LES QUATRE FORMES D'INTELLIGENCE COLLECTIVE

On distingue traditionnellement quatre formes d'intelligence collective. En effet, celle-ci se mettra en place différemment suivant la structure au sein de laquelle elle est observée. De la structure de l'organisation dépendra également l'efficacité de la méthode. En analysant le tableau comparatif ci-dessous, on peut constater que l'implémentation d'un management d'intelligence collective au sein d'une grande structure très hiérarchisée avec un style de management pyramidal sera nettement moins efficace que dans une petite équipe.

Quatres formes d'intelligence collective

Intelligence collective globale	Il s'agit d'un système équitable, démocratique, transparent, normé et organisé permettant de résoudre des enjeux complexes. Cette forme se retrouve souvent sur internet, notamment sur des plateformes sociales.
Intelligence collective originelle	Il s'agit de l'intelligence collective la plus connue et la plus exploitée en entreprise, notamment lors des réunions d'équipe. Elles peut être comparée à celle mise en place au sein d'une équipe de sport, et concerne ainsi surtout les petits groupes. Elle constitue la forme la plus avantageuse, car elle est souple, transparente, apprenante et ouverte à l'improvisation.

Intelligence collective en essaim	C'est celle que l'on rencontre généralement dans le cadre de politiques économiques. Les acteurs interagissent sans avoir une vision claire de l'ensemble du système dans lequel ils évoluent. Elle nécessite plus de transparence et de communication interne afin de gagner en efficacité.
Intelligence collective pyramidale	Celle-ci est régulièrement présente au sein de grandes structures telles que les administrations publiques, les multinationales, le secteur bancaire. La majeure partie de l'information est maintenue au sommet. Cette intelligence collective est la moins adaptée aux enjeux actuels, car elle est rigide, contraignante et opaque.

LES ENJEUX DE L'INTELLIGENCE COLLECTIVE

- **La création d'une valeur, d'une éthique** : ce premier enjeu de l'intelligence collective renvoie à ce qu'elle favorise le développement de l'organisation et des personnes. En effet, elle permettra à l'entreprise de développer ses actions et ses projets tout en offrant la possibilité aux individus qui la composent de se développer personnellement. Le fait de solliciter et d'impliquer le personnel dans la mise en œuvre de nouveaux projets et dans la prise de décision par la valorisation des compétences de chacun permet à chaque individu de reprendre confiance en soi, de retrouver la motivation et d'accroître son efficacité. Il s'agira de pouvoir mobiliser à la fois les intelligences des membres d'un groupe/d'une entreprise, mais également toutes les parties prenantes extérieures à ce groupe/à l'entreprise (comme les fournisseurs, les clients et les partenaires).
- **L'information et la communication** : les différentes technologies de communication facilitent l'échange et le partage d'informations. Elles doivent contribuer à l'accroissement des

interactions en donnant à l'information une valeur opérationnelle.

- **La coopération** : il s'agit de la manière la plus connue de matérialiser l'intelligence collective.
- **La gestion des connaissances** : c'est le pilier du développement et d'une exploitation optimale de l'intelligence collective. Une bonne gestion à ce niveau permet le partage et le transfert des connaissances au sein d'une entreprise.
- **La décentralisation du pouvoir et du savoir** : le leader n'est plus le seul à posséder toutes les compétences et à prendre les décisions. Celles-ci sont collectives.
- **L'autonomie** : les individus formant l'équipe deviennent acteurs pour atteindre un objectif commun donnant un sens au groupe auquel ils appartiennent.
- **L'interactivité** : l'interactivité entre les membres de l'équipe – ou de l'entreprise – et l'environnement dans lequel ils évoluent (cadre, technologie, politique économique) est constante.

CINQ LEVIERS DE L'INTELLIGENCE COLLECTIVE POUR SIX GRANDES CAPACITÉS ACQUISES

Afin d'actionner et de rendre opérationnel le concept d'intelligence collective, il est impératif d'interconnecter cinq processus :

- **le cognitif**, qui consiste à créer ensemble un objectif commun en se basant sur une décision construite collectivement après une compréhension de la problématique et une réflexion communes. Les maîtres mots du cognitif dans le cadre de l'intelligence collective sont :
  - l'intercompréhension (chaque membre du groupe s'exprime librement et est compris par les autres membres),
  - la représentation partagée (chaque individu a sa propre représentation des choses ou des événements, il conviendra de laisser chaque individu s'exprimer sur sa propre représentation),
  - l'utilisation d'un langage commun,
  - l'élaboration commune ;

- **le relationnel**, qui consiste à s'assurer que la communication soit claire et bien comprise par chaque individu. Il est également important de garantir l'expression libre et franche de chaque individu, le partage ouvert des savoirs, des perceptions et des idées. Ce pan relationnel nécessite également l'implication de chaque individu, la reconnaissance des différences et des compétences de chacun ainsi que la capacité d'adaptation face à cette diversité ;
- **le social**, car l'intelligence collective est basée sur l'écoute active – c'est-à-dire sur le fait d'entendre ce que l'autre dit et de le comprendre –, sur le partage et sur l'échange d'informations et de savoirs, sur l'organisation fonctionnelle du groupe, sur la collaboration entre les différents individus qui composent le groupe, sur la confiance en soi et en les autres, sur l'autonomie de chacun, etc. ;
- **le managérial**, car l'efficacité de l'intelligence collective dépend de la taille et de la composition du groupe, de la complémentarité des membres, des tâches à accomplir, des composantes du manager et du groupe ;
- **la situation**, qui induit certaines contraintes externes et un contexte organisationnel qu'il

conviendra de prendre en considération lors de la mise en place d'un processus de management d'intelligence collective.

Pour une entreprise ou une équipe, l'interaction de ces cinq leviers permet l'émergence de six grandes capacités :

- comprendre et réfléchir collectivement ;
- résoudre collectivement des problèmes ;
- participer à la prise de décision ;
- créer une vision commune ;
- favoriser la cohésion d'une équipe ;
- motiver une équipe et impliquer les membres de celle-ci.

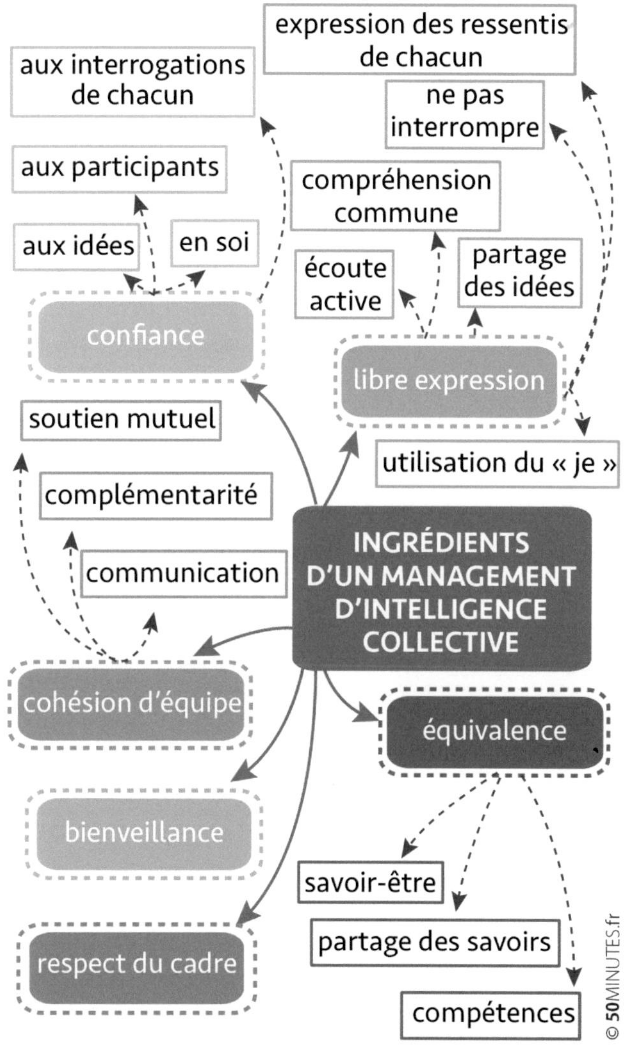

expression des ressentis de chacun
aux interrogations de chacun
ne pas interrompre
aux participants
compréhension commune
aux idées
en soi
écoute active
partage des idées
confiance
libre expression
soutien mutuel
utilisation du « je »
complémentarité
INGRÉDIENTS D'UN MANAGEMENT D'INTELLIGENCE COLLECTIVE
communication
cohésion d'équipe
équivalence
bienveillance
savoir-être
partage des savoirs
respect du cadre
compétences

L'INTELLIGENCE COLLECTIVE AU SERVICE DU MANAGEMENT ET DE LA DYNAMIQUE D'ÉQUIPE

Le fait de prendre conscience des connaissances et des compétences de chaque individu d'une équipe et d'apprendre à en tirer profit permet de renforcer l'efficacité de cette équipe. L'intelligence collective est un outil de management d'équipe indéniable pour favoriser l'échange, le partage et l'exploitation de compétences dans un but d'atteindre un objectif commun. Avoir recours à l'intelligence collective est un mode évolutif et participatif du management d'équipe. En effet, le rôle du manager n'est plus uniquement celui du leader qui donne des ordres à des exécutants, mais il devient crucial pour renforcer la cohésion de son équipe en la fédérant autour de réflexions et d'actions communes. Le leader devient alors la personne « ressource » qui partage son savoir tout en accueillant la diversité de l'expérience et des compétences des membres de son équipe.

L'intelligence collective est un processus indispensable à la dynamique d'équipe. En effet, elle induit la coréflexion, la coévolution et la coaction, soit les ingrédients incontournables pour favoriser la dynamique d'une équipe en stimulant les membres de celles-ci.

L'intelligence collective et la dynamique d'équipe

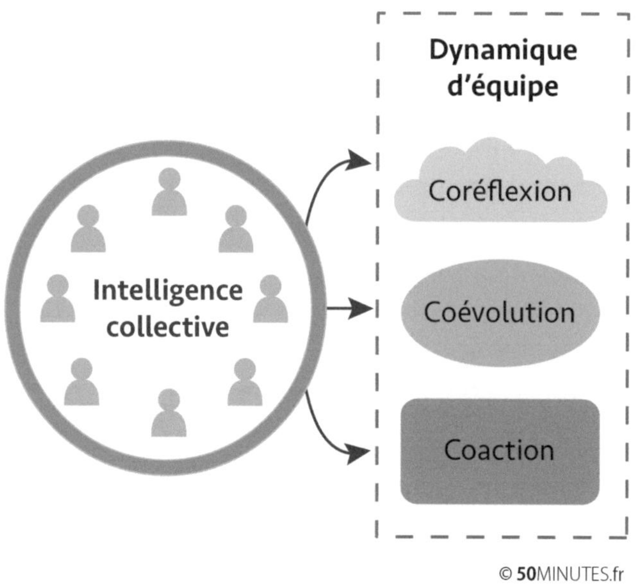

DIFFÉRENTS NIVEAUX D'APPLICATION DU MANAGEMENT D'INTELLIGENCE COLLECTIVE

Le management d'intelligence collective n'est pas uniquement un outil de gestion pour les tops managers. En effet, il est également vivement conseillé dans le cadre de la gestion d'équipe, à tous niveaux. Toute personne dirigeant une équipe, quelle que soit sa dimension, peut avoir recours à l'intelligence collective. On constatera alors que le management d'intelligence collective mis en place par un superviseur, un chef d'équipe ou un contremaître sera souvent plus spontané que dans le cas d'un processus établi par le manager, où il prendra généralement une forme plus officielle.

<table><tr><td align="center">Étapes de management d'intelligence collective mis en place par un top manager</td></tr></table>

- Prendre connaissance des différents profils qui composent son entreprise via le service RH et la rencontre avec les chefs d'équipe.
- Informer le personnel, notamment via une note de service, de la volonté de mettre en place un management d'intelligence collective et le convoquer à une première réunion d'information.
- Réunir l'ensemble du personnel et faire un tour de table de présentation de chacun. Laisser chaque individu s'exprimer librement sur sa vie privée, son ressenti par rapport à son rôle au sein de l'entreprise, ses compétences, son expérience, ses passions, etc.
- Accueillir toutes ces informations et prendre conscience de la diversité présente au sein de l'entreprise.
- Mettre en place une boîte à idées (ex : inviter le personnel à noter sur une fiche ce qu'il propose pour améliorer la situation de l'entreprise)
- Réunir les personnes ayant répondu à la boîte à idées et discuter librement, sans jugement, des idées de chacun puis demander aux participants de réfléchir sur les idées retenues.

Étapes de management d'intelligence collective mis en place par un chef d'équipe

- Réunir son équipe, l'informer de l'intention de mettre en place un management d'intelligence collective et présenter clairement la thématique qui doit être abordée (ex : répartition des tâches).
- Demander à chacun de s'exprimer librement sur son ressenti quant à son rôle au sein de l'équipe, des tâches qu'il réalise, le mode de fonctionnement de l'équipe, ses compétences, ses expériences professionnelles, ses passions, etc.
- Accueillir les informations sans jugement.
- Faire émerger les idées soit via un brainstorming durant la réunion soit par la mise en place d'une boîte à idées.

Étapes de management d'intelligence collective mis en place par un top manager

- Lors des réunions suivantes, qui peuvent être organisées en sous-groupes en fonction de la thématique ou du service concerné, structurer le déroulement de la réunion et attribuer un rôle à chacun (ex : animateur, coordinateur, prise de note, …).
- Faire confiance et tenter de mettre en place une des idées exprimées.
- Évaluer et remédier aux difficultés rencontrées

Processus plus long nécessitant un climat de confiance au sein de l'entreprise et un esprit d'ouverture du manager afin de permettre au personnel de s'exprimer librement et de déceler les compétences de chacun.

Étapes de management d'intelligence collective mis en place par un chef d'équipe
• Analyser et discuter ensemble des idées émises. • Mettre en place l'idée retenue. • Évaluer et remédier aux difficultés rencontrées.
Processus plus court et plus spontané, car le groupe est plus petit et ses membres se connaissent déjà, ce qui permet de ne pas rencontrer certains obstacles comme cela pourrait être le cas dans une grande structure.

TOP CONSEILS

- Commencez par définir une vision claire et sécurisante pour les membres de votre entreprise en donnant l'opportunité aux personnes concernées de percevoir les enjeux tant internes qu'externes de l'entreprise.
- Assurez-vous que la confiance et la responsabilisation soient présentes au sein de votre entreprise afin de permettre un partage et un échange sur la compréhension de ces enjeux. Vous pourrez ainsi favoriser la cohésion d'équipe et fédérer celle-ci autour d'un objectif commun défini ensemble.
- Partagez l'information et communiquez sur les savoirs et les pratiques de chacun.
- Pour faciliter la cohésion d'équipe et l'intelligence collective, créez des opportunités de rencontres formelles ou informelles entre les différents membres de l'équipe ou de l'entreprise, notamment par le biais de réunions, de formations, de séminaires, de *team building* ou autres.

- Ne vous considérez plus comme le plus compétent dans tous les domaines, mais invitez vos collaborateurs à se constituer comme « personnes compétentes » et à partager leur savoir via la communication et l'échange, afin d'engendrer une création collective. L'intelligence collective, c'est aussi la complémentarité de chacun. Il est crucial que vous soyez ouvert aux autres, que vous acceptiez et compreniez les différents points de vue et que vous intégriez les nouveautés apportées par chacun en facilitant les apports individuels. Dans cette optique, utilisez un langage collectif, notamment en utilisant le « nous » ou le « on ».
- Incarnez certaines valeurs et devenez un « homme-ressource » à l'écoute de votre équipe, tout en mettant vos compétences au service des autres. Mettez l'accent sur l'écoute active et sur la compréhension empathique des uns et des autres.
- Permettez à l'équipe d'apprendre, d'évoluer, de réfléchir et d'agir ensemble, en synergie. Soutenez-vous mutuellement, pardonnez en cas d'erreur et tentez de résoudre les problèmes collectivement.

- N'hésitez pas à avoir recours à l'accompagnement d'un professionnel qui apportera un regard extérieur nécessaire pour sortir des paradoxes. Cet accompagnement peut se faire via la mise en place de comité de pilotage impliquant des réunions, des tableaux de bord et indicateurs sur les résultats permettant la valorisation de l'équipe lors de feedbacks. Le coaching peut également être l'accompagnement idéal en agissant sur les comportements, attitudes et procédures.

CLIN D'ŒIL

L'intelligence collective ne peut être le résultat d'un simple changement organisationnel, du seul changement personnel du dirigeant ou d'une tentative de mie en place par le haut d'une nouvelle méthode de management. Elle doit être le fruit d'une interconnexion entre tous les acteurs.

FAQ

POURQUOI FAIRE APPEL À L'INTEL-LIGENCE COLLECTIVE ?

L'intelligence collective est un outil important pour optimiser l'efficacité d'une équipe. En effet, le fait de rassembler et d'exploiter l'ensemble des connaissances et des compétences des différents membres d'une équipe permet d'amplifier les capacités de cette équipe. Non seulement cela permet de profiter des forces de chacun, mais cela accroît fortement la motivation des individus par leur implication dans les prises de décision et par le fait de reconnaître et valoriser leurs compétences. De plus, faire appel aux diverses compétences et expériences permet de résoudre certains problèmes en interne sans avoir recours à un intervenant extérieur, et donc d'éviter des coûts supplémentaires et de gagner du temps.

L'intelligence collective permet également une meilleure gestion des talents et donc une meilleure répartition des tâches afin d'optimiser, outre l'efficacité de l'équipe dans son ensemble, celle de chacun.

QUEL EST L'OBJECTIF DU MANAGEMENT DE L'INTELLIGENCE COLLECTIVE ?

L'objectif de ce type de management est de prendre des décisions intelligentes basées sur l'émergence d'idées et de solutions émanant de tous les acteurs concernés par ces décisions.

QUELS SONT LES PRINCIPES DU MANAGEMENT DE L'INTELLIGENCE COLLECTIVE ?

Les principes du management d'intelligence collective sont essentiellement :

- mettre en place une notion d'équivalence, c'est-à-dire mettre en évidence que les diversités de compétences, d'expériences et de savoir-être sont un atout pour l'ensemble de l'entreprise ou de l'équipe ;

- avoir recours à l'écoute active, ce qui signifie écouter ce que l'autre dit avec attention en le laissant s'exprimer jusqu'au bout de ses idées sans l'interrompre ;
- inviter les participants à parler avec intention, c'est-à-dire à parler en leur propre personne en utilisant le « je » et en évitant toute généralisation par l'utilisation du « on » ;
- ne pas être dans le jugement mais être bienveillant, en réalisant qu'il n'y a pas de bon ou de mauvais participant, qu'il n'y a pas de mauvaise idée. Au contraire, même une idée *a priori* médiocre peut susciter des réactions et des échanges aboutissant sur l'émergence d'une solution ;
- faire confiance à l'ensemble des participants et à soi-même, ainsi qu'aux idées émises, car c'est l'ensemble de ces personnes, de leurs idées et de leurs interrogations qui enrichit le pot commun ;
- respecter le cadre reprenant l'ensemble des principes cités ci-dessus.

QUELS SONT LES FREINS DU MANAGEMENT DE L'INTELLIGENCE COLLECTIVE ?

Les principaux freins à la mise en place de l'intelligence collective sont d'ordre culturel. Avant de se lancer dans un processus de management par l'intelligence collective, il est crucial de s'assurer que cela corresponde à la culture managériale de l'entreprise. Si ce n'est pas le cas, il sera nécessaire de sensibiliser la hiérarchie et l'ensemble des personnes concernées afin de modeler la culture de l'entreprise et de la préparer à ce type de management. Le style managérial devra être revu. Il conviendra de changer certains modes de fonctionnements tels que le manque d'implication de la hiérarchie, le refus de communiquer de manière transversale, le management axé sur l'individu et non sur l'effet de groupe, etc. Il est très difficile de mettre en place une gestion collective efficace au sein d'une entreprise dont le style de management est pyramidal.

Il s'agira également de travailler sur les freins inhérents à chaque individu, tels que la peur du changement, la peur de la critique, la peur de devoir fournir de nouveaux efforts, l'esprit de compétition, l'individualisme et le perfectionnisme.

QUELLES SONT LES PERSPECTIVES DE L'INTELLIGENCE COLLECTIVE ?

Dans une entreprise, l'intelligence collective permet de créer une entreprise démocratique au sein de laquelle toute décision serait prise à la majorité. L'intelligence collective contribue à l'émergence de la décision mais n'impacte pas la prise de décision. Il ne s'agit pas de redistribution de pouvoir, mais d'un changement dans le mode de management consistant à valoriser toute la diversité des connaissances, des compétences et des idées des individus d'une entreprise ou d'une équipe afin de fédérer ceux-ci de manière constructive et efficace.

Y A-T-IL UN LIEN ENTRE L'INTELLIGENCE COLLECTIVE ET LA GESTION DES TALENTS ?

Oui, l'intelligence collective utilise les compétences en les associant et en permettant de révéler le meilleur de chaque individu. Lorsqu'une entreprise mise sur l'intelligence collective et l'implication de ses individus dans la mise en place d'actions ou pour la prise de décisions, elle a l'opportunité de détecter les performances de chacun. L'intelligence collective devient alors un facilitateur ou un éveilleur de talents : elle permet d'offrir à une personne l'opportunité de participer à des projets différents de ses tâches habituelles.

Y A-T-IL UNE DIFFÉRENCE ENTRE LE *LEAN MANAGEMENT* ET L'INTELLI-GENCE COLLECTIVE ?

Oui. Le *lean management* est une approche organisationnelle permettant de pousser plus loin le taylorisme en s'assurant de garder le contrôle. Le *lean management* vise à l'amélioration des performances de l'entreprise par le développement de tous les employés (formation, motivation) avec pour objectif principal l'entière satisfaction de la clientèle et par conséquent, l'accroissement du chiffre d'affaires. Le *lean management* cherche constamment à améliorer les performances des individus et des processus tout en réduisant au

maximum les coûts. Cela peut se résumer par
« efficacité et rentabilité » sans erreur possible.

L'intelligence collective, quant à elle, est une
approche relationnelle misant sur la synergie
des compétences et des savoirs afin de créer
ensemble des stratégies et de développer les
performances collectives. L'intelligence collective accepte la perte de contrôle et tire les leçons
des erreurs éventuelles afin de les résoudre
collectivement.

Y A-T-IL UNE DIFFÉRENCE ENTRE L'INTELLIGENCE COLLECTIVE ET LE MANAGEMENT PARTICIPATIF ?

La différence entre ces deux méthodes est ténue.
Le management participatif a pour objectif de
mettre en place un processus de développement
du personnel en l'impliquant dans la mise en
œuvre de projets de l'entreprise et dans la prise
de décision. Il nécessite la capacité de déléguer
ses pouvoirs et de faire confiance à son équipe
pour la résolution de différentes probléma-
tiques. À cet effet, le management participatif
doit faire appel à l'intelligence collective, mais va

plus loin que cette dernière dans la réflexion organisationnelle globale. L'intelligence collective est donc un moyen pour parvenir à un processus de management participatif.

À VOUS DE JOUER !

Faites émerger l'intelligence collective de votre équipe en huit étapes.

ÉTAPE 1

Identifiez votre équipe. Fermez les yeux et pensez à chaque membre de votre équipe. Qui sont-ils ? Quelles sont leurs passions ? Quelles sont leurs motivations ? Qu'attendent-ils de vous ? Quelles sont leurs compétences et leur expérience ? Comment faire converger ces compétences ? Où et à quel rythme est-il possible de les rassembler ?

ÉTAPE 2

Assurez-vous que les membres de l'équipe comprennent les intentions de cette action commune. Expliquez clairement votre objectif et demandez leur avis. Formalisez le lieu, le rythme et le contexte dans lequel le groupe va se réunir pour co-initier le projet pilote.

ÉTAPE 3

Faites jaillir une prise de conscience collective en organisant une réunion sans ordre du jour. Rassemblez les personnes ayant marqué un grand intérêt pour votre projet de management d'intelligence collective. Faites un tour de table afin de les laisser s'exprimer sur ce qui se passe au sein de l'entreprise, de leur équipe, de leur vie privée éventuellement. Restez ouvert. Échangez librement sur le travail et les défis de l'entreprise en découvrant les nouvelles idées, les intérêts et les motivations de chacun. Concluez cette réunion par la conception d'un programme pilote ayant une vision commune.

ÉTAPE 4

Structurez vos prochaines réunions. Si celles-ci ont une durée de 60 minutes, prévoyez :

- un temps pour présenter la problématique abordée durant la réunion (environ 5 minutes) ;
- un moment relativement long pour la réaction et l'échange (environ 40 minutes) ;
- et terminez par la conclusion (10 minutes maximum).

ÉTAPE 5

Chaque début de semaine, rassemblez votre équipe.

- Donnez un rôle aux participants de la réunion. Désignez un leader qui expose le cas au groupe (celui-ci sera choisi en fonction de la thématique), un facilitateur qui incitera au dialogue, un gardien du temps. Vous pouvez également faire appel à un coach pour une vision et une expertise externe à l'entreprise.
- Demandez à chaque membre de partager ses idées sur la problématique choisie (le travail, l'organisation, les projets de l'entreprise). Accueillez ces idées et poursuivez votre semaine en demandant à chacun de réfléchir à ces idées.

ÉTAPE 6

En fin de semaine, retrouvez-vous et faites part de vos conclusions sur les idées reçues et accueillez les nouvelles idées émises lors de ces conclusions. Répétez cela jusqu'au moment où une ou plusieurs idées trouvent l'unanimité.

ÉTAPE 7

Implémentez les nouvelles idées.

ÉTAPE 8

Évaluez ensemble les actions mises en place et réfléchissez ensemble aux solutions à apporter en cas d'échec.

Récapitulatif

1. Identifiez chaque membre de votre équipe et ses compétences.

2. Expliquez-leur votre objectif.

3. Organisez une réunion sans ordre du jour.

4. Structurez vos prochaines réunions.

5. Prévoyez une réunion ouverte en début de semaine.

6. En fin de semaine, revenez sur les idées émises précédemment.

7. Implémentez les idées qui font l'unanimité.

8. Évaluez ensemble les actions mises en place.

*Votre avis nous intéresse !
Laissez un commentaire sur le site de votre
librairie en ligne et partagez vos coups de cœur sur
les réseaux sociaux !*

POUR ALLER PLUS LOIN

SOURCES BIBLIOGRAPHIQUES

- DEVILLARD (Olivier), *Dynamiques d'équipe*, Paris, Éditions d'Organisation, 2005.

- GRESELLE (Olfa Zaïbet), « Vers l'intelligence collective des équipes de travail : une étude de cas », in *Management & Avenir*, 2007/4, n° 14, p. 41-59.

- www.cairn.info/revue-management-et-avenir-2007-4-page-41.htm

- ZARA (Olivier), *Le management de l'intelligence collective*, Paris, M21 Éditions, 2007.

SOURCES COMPLÉMENTAIRES

- LECERF-THOMAS (Bernadette), *Activer les talents avec les neurosciences. Du talent individuel à l'intelligence collective*, Montreuil, Pearson, coll. « Village mondial », 2015.

- LEMONNIER (Jacques), *Le management transversal. 30 outils pour favoriser l'intelligence collective*, Paris, Vuibert, 2015.

- MORAL (Michel) et LAMY (Florence), *Les outils de l'intelligence collective*, Paris, InterÉditions, 2013.

ISBN ebook : 978-2-8062-7144-0
ISBN papier : 978-2-8062-7145-7
Dépôt légal : D/2015/12603/500
Photo de couverture : © alotofpeople - Fotolia.com

Conception numérique : Primento,
le partenaire numérique des éditeurs